14/3 81

L'OBLIGEANT MAL-ADROIT,

COMÉDIE EN TROIS ACTES, ET EN VERS.

DU C. FAMIN.

Jouée pour la première fois, au Théatre de la République, le 21 Novembre 1792.

Prix 25 sols, avec l'Ariette notée.

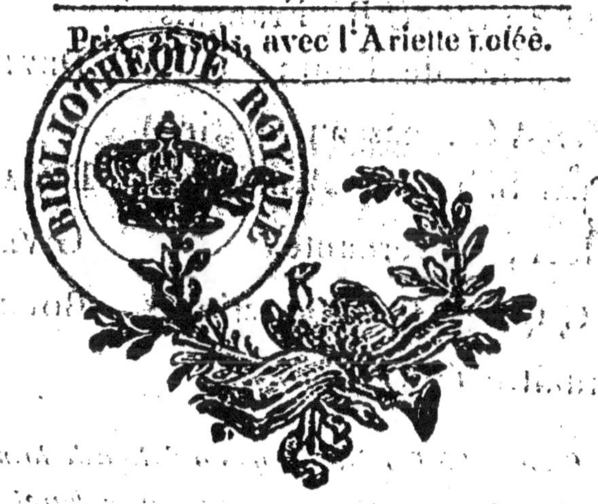

A PARIS,

Chez DENNÉ, Libraire, Galeries de la Maison ÉGALITÉ, No. 93 et 94.

Et chez les Marchands de Nouveautés.

1793.

Y Th.

PERSONNAGES.

	ACTEURS, Les Citoyens et Citoyennes
SIDNEY, pere de Richard et de Fanni.	DESROZIERES.
RICHARD, frere de Fanni, Obligeant mal-adroit.	BAPTISTE.
FANNI, sœur de Richard, amante de Floricour.	CANDEILLE.
FLORICOUR, Français aimé de Fanni.	DEVIGNY.
VILSAC, gascon destiné par Sidney à Fanni.	DUGAZON.
SARA, gouvernante.	GIVERNE.
JACQUES, domestique.	BOUCHER.
Un maitre de Harpe.	

La Scene est à Londres, dans un Sallon de la maison de Sidney. On y voit un bureau, un cabaret et des tasses, une harpe recouverte de sa housse.

Il doit y avoir plusieurs portes, une dans le fond, une sur la droite du Spectateur, une autre sur la gauche, près le Théâtre, servant d'entrée à un cabinet.

Nota. Cette piece est imprimée telle qu'elle a été corrigée par l'auteur, après les quatre premieres représentations.

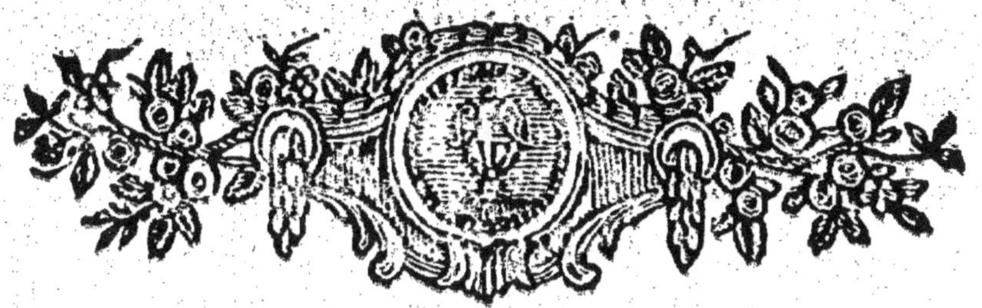

L'OBLIGEANT MAL-ADROIT,

COMÉDIE EN TROIS ACTES.

ACTE PREMIER.

SCENE PREMIERE.

RICHARD, FANNI, SARA.

FANNI.

De grace, terminons ce fâcheux entretien,
Je vous répete encor, Richard, qu'il n'en est rien.

RICHARD.

Et moi je dis, ma sœur, qu'il en est quelque chose,
Que tu pleures, gémis, que ce n'est pas sans cause.

SARA.

Qui vous a dit cela ?

RICHARD.

Mes oreilles, mes yeux.

SARA.

Vous voyez toujours mal, et n'entendez pas mieux.

RICHARD.

Fanni, de tes secrets tu ne veux pas m'instruire.
Eh bien ! je les connais.

FANNI.

Mais, encore une fois,
J'ignore absolument ce que vous voulez dire.

RICHARD.

Veux-tu le savoir ?

FANNI.

Oui.

RICHARD.

C'est qu'entre nous, je crois
Que Dieu d'amour te tient sous son empire.
Tu rougis !

FANNI.

Vous croyez. . . .

RICHARD.

Eh! non, je ne crois rien.
Je n'ai rien vu, c'est un prestige,
Lettre à la dérobée, ou secret entretien ;
Je n'ai rien vu, rien entendu, vous dis-je.

SARA.

Tel est le sort de tous les curieux,
Soit dit ici, Monsieur, sans vous déplaire.

A leurs yeux prévenus, tout paraît un mystère.

RICHARD.

Je ne me préviens point, et j'ai de très-bons yeux.

SARA.

En ce cas, daignez nous instruire
Du nom de cet aimable objet
Pour qui son tendre cœur soupire,
Car sans doute il existe.

RICHARD.

Oh! c'est-là mon secret.

FANNI. (*à part.*)

Je vois qu'il ne sait rien.

RICHARD.

J'aurais pu, je l'espe e,
Travailler au bonheur d'une sœur qui m'est chere,
Si de s'ouvrir à moi l'on m'eût fait la faveur.
Mais non. On dissimule, on se cache d'un frere,
De son meilleur ami.

FANNI.

Mon frere, à votre cœur
Je sais rendre justice; il est franc et sincere;
Mais je ne sais quel sort, à vous nuire obstiné,
Toujours dans vos projets vous rend infortuné.

RICHARD.

Ma foi, j'aime à rendre service,
C'est mon plaisir; mais si, malgré mes soins,
La fortune à mes vœux se montre peu propice,

Doit-on s'en prendre à moi? Je ne crois pas du moins
Qu'on m'ose reprocher aucune étourderie.

SARA.

Ce reproche seroit une plaisanterie.
Quand Sudmer, par exemple, amant sage et discret,
Cédant à vos désirs, vous charge d'un billet
Pour la jeune Aglaé, son amante chérie,
Et que vous le portez à son jaloux tuteur,
Est-ce une étourderie ?

RICHARD.

Une fois, par erreur,
N'est pas coutume.

SARA.

Et quand traversant la Tamise,
On veut absolument, au sortir du bateau,
Porter entre ses bras sa bonne tante Elise,
Pour qu'elle ne se mouille; et qu'on la jette à l'eau.

RICHARD.

La jetter! Ah, parbleu! Voilà ce qu'on appelle
M'accuser bien à tort; moi, qui tombe avec elle.

SARA.

Et cè pere indigent, ce malheureux commis,
Qui de gages plus forts sollicitant la grace,
Vous consulte, Monsieur, et par vos bons avis,
Réussit. . . . . à perdre sa place.

RICHARD.

Est-ce tout?

SARA.

Je connais maint autre bel exploit.

RICHARD.

Adieu, bavarde.

RICHARD.

Adieu, l'obligeant mal-adroit.

SCENE II.

FANNI, SARA.

SARA. (*après avoir vu partir Richard.*)

ENFIN, il est parti.

FANNI.

Dieux ! que je suis à plaindre !

SARA.

Votre pere ici va venir.
De grace, devant lui tâchez de vous contraindre.

FANNI.

A ses ordres, Sara, je ne puis obéir.
Me donner pour époux un homme ridicule,
Un intrigant, un fat qui ne calcule
Que ma dot !

SARA.

Cependant j'ai l'ordre positif
De vous y disposer.

FANNI.

Voilà donc le motif,
Pour lequel du logis humainement il chasse
Ma pauvre Dorothée, et te donne sa place.
Vilsac n'ignorait pas qu'elle le haïssait ;
Il l'a dit à mon pere, et l'on s'en est défait.

SARA.

Bonne leçon pour moi. Mais, de grace, Madame,
Ne me déguisez rien des secrets de votre ame.
Sidney me croit sévere, et vous peut-être aussi.
Combien vous vous trompez ? je ne veux être ici
Que votre protectrice.

FANNI.

Eh bien ! apprends, ma chere,
Que j'aime pour la vie... En France avec ma mere ;
J'ai fait un assez long séjour.
Jeune encor, j'ignorais jusqu'au nom de l'amour.
Un aimable Français m'apprit à le connaître.
Je sentis que j'avais un cœur,
Quand Floricour en fut le maître.
Hélas ! Ma pauvre mere approuvait notre ardeur.
Après sa mort, mon pere me rappelle ;
Je ne lui cache rien. Il est bon, généreux.
Il s'informe avec soin de cet amant fidele,
N'en apprend que du bien, et se rend à nos vœux.
J'en instruis Floricour. Il vient en Angleterre ;
Quand tout-à-coup Sidney me dit, d'un ton sévere,
Qu'il a changé d'avis. Il ne veut plus le voir,
Défend même qu'ici j'ose le recevoir,

SARA.

Sans doute, vous savez ce qui chez votre pere
A pu causer ce subit changement.

FANNI.

Le hazard. C'est ainsi que notre sort souvent
Dépend d'un rien. Vilsac a le rare mérite
D'être un déterminé chasseur.
Mon pere aime la chasse, et l'aime avec fureur.
De-là leur liaison. On se voit, on s'invite,
On se revoit encore. Une fois introduit,
De la place bientôt le gascon se rend maître.
Mon amant n'est plus rien. Si quelquefois peut-être,
Nous nous voyons, Sara,

SARA. (*avec finesse.*)

Quelquefois, c'est souvent.

FANNI. (*avec franchise.*)

Oui... Ce n'est qu'en secret, à l'ombre du mystere;
Sous mon balcon la nuit, à l'insçu de mon pere,
Nous conversons ensemble. Aujourd'hui cependant
Nous avons un projet infaillible, excellent,
Qui doit les éloigner pour toute la journée.
Conçois-tu mon bonheur? Je pourrai librement
Le voir, l'entretenir, sans être espionnée,
Aviser aux moyens de rompre l'hyménée
Que Sidney me propose... Eh bien! de mes secrets
Te voilà confidente.

SARA.

Ah! Madame, jamais

Avec plus d'intérêt on n'a pu vous entendre.
Vous ne savez pas tout, j'ai peine à vous apprendre
Ce qu'un ordre cruel. . . . . .

FANNI.

Achevez, il le faut.

SARA.

Dites-lui bien, Sara, que c'est mon dernier mot.
Mariée aujourd'hui, sinon déshéritée.

FANNI.

Par cet arrêt fatal, ce ridicule éclat,
Ma résolution ne peut être domptée.
Que craindrais-je d'ailleurs de son ame irritée?
Peut-il forcer ma main à signer un contrat?

SARA.

Mais, s'il vous déshérite.

FANNI.

Alors au célibat
Je me condamne pour la vie.

SARA.

Célibataire! Vous! Si jeune et si jolie!
Oh! La triste ressource, et l'ennuyeux état!
J'en ai par devers moi la longue expérience.
Allons, vous plaisantez.

FANNI.

Je le puis, je le dois.
Crois-tu que de l'hymen j'irais subir les loix,

Lorsqu'au plus tendre amant, pour prix de sa
constance,
Je ne pourrais offrir qu'une triste indigence ?
Jamais, Sara, jamais.

SCENE III.

FANNI, SARA, JACQUES.

JACQUES.

Madame, Floricour
Désire vous parler.

FANNI.

Oh Ciel ! quelle imprudence !
Dis-moi, que fait mon pere ?

JACQUES.

Il s'apprête à sortir.
Je crois qu'il va chasser.

FANNI.

Fort bien. Il peut venir.

SARA. (*Jacques sort.*)

Madame, dites-lui d'abréger sa visite.
Peut-être il serait vu, s'il restait trop long-tems.

FANNI.

Je le sais. . . . Le voici. Comme mon cœur palpite !

SCENE IV.

FLORICOUR, FANNI, SARA.

FLORICOUR.

Chere Fanni, calmez le trouble de vos sens.

FANNI.

J'attends mon pere.... ici.

FLORIÇOUR.

Pour la chasse il s'habille;
Et je puis un moment jouir de la douceur
D'être sans crainte auprès de son aimable fille,
De la serrer contre mon cœur.
Fanni, vous vous troublez, vous me cachez vos larmes.

FANNI.

Floricour!

FLORIÇOUR.

Achevez, déposez vos alarmes
Dans le sein d'un ami, d'un amant, d'un époux.

FANNI.

S'il me fallait, oh ciel! me séparer de vous.

FLORICOUR.

Non, ne le craignez pas. Par ma vive tendresse,
Par vos vertus, par vos attraits,
Sur cette main, Fanni, qu'en la mienne je presse,

Je jure de mourir plutôt que de jamais
Renoncer à l'espoir qui m'attache à la vie.

FANNI.

A ces mêmes sermens mon ame est asservie,
Mais un rival fâcheux, que je crains, que je hais,
S'oppose à notre hymen.

FLORICOUR.

Vilsac. . . . Je le connais ;
Et ne vois pas en lui d'obstacle fort à craindre.

SARA.

Le pere le protége. Il prétend nous contraindre.
Tâchons pour le présent d'obtenir des délais.
Dissimulons sur-tout, employons l'art de feindre ;
Mais s'il vous voit ensemble, adieu tous nos projets.

FLORICOUR.

Eh bien ! deux mots encore, et je pars au plus vite.
Apprenez du complot l'heureuse réussite.
La chasse est dans Windsor. Votre pere invité,
A pour Vilsac et lui de bon cœur accepté.
Mon ami Clarendon a lié la partie ;
Ou les menera loin, j'en ai la garantie.
Pour les décider encore mieux,
On leur a fait la promesse précise
D'un cheval pour chacun. Je viens d'en louer deux,
Ils sont à mon auberge. Envoyez sans remise,
Pour les chercher, un homme intelligent,
Avec un mot d'écrit, de crainte de méprise.
Je vous ferai réponse. Adieu.

FANNI.

Dans un instant
L'homme sera chez vous.

SARA.

Prenez garde en sortant.
Un jeune homme indiscret, curieux, c'est son frere,
Pourra vous rencontrer. . . . Justement le voici.

SCENE V.

RICHARD, FLORICOUR, FANNI, SARA.

SARA. (*feignant ne pas voir Richard.*)

Je ne veux point, Monsieur, pénétrer ce mystère,
Ni savoir le motif qui vous conduit ici.
Mais, encore une fois, Sidney n'est pas visible;
Le voir en ce moment, c'est la chose impossible.
Ayez donc, s'il vous plait, la bonté de sortir.

RICHARD.

Non, demeurez, Monsieur, un peu de politesse,
Sara, de ce logis êtes-vous la maitresse?
Vous demandez mon pere, et je cours l'avertir.

SARA.

Richard. . . . Monsieur Richard!

FANNI.

Il va tout découvrir.

FLORICOUR.

N'est-ce pas votre faute ? A quoi bon ce mystere ?
C'est un frere, un ami qui pourrait vous servir.
Il parait obligeant, d'un très-bon caractere.

SARA.

Vous ne connoissez pas son indiscrétion.

FLORICOUR.

Non. Mais dans tous les cas, il pourra moins vous nuire
Comme ami, que comme espion.
C'est mon avis. Adieu.

SCENE VI.

FANNI, SARA,

FANNI.

Ce qu'il vient de nous dire
Me semble raisonnable.

SARA.

Est-ce aussi votre avis ?

FANNI.

Je ne vois nul danger à nous voir réunis
Contre Vilsac.

SARA.

Eh bien ! Il faut vous satisfaire.

Mais avant tout, songeons à votre pere.
Le voici. . . . . Bouche close, et laissez-moi le soin
De conjurer l'orage.

SCENE VII.

RICHARD, FANNI, SARA, SIDNEY *en robe-de-chambre*, VILSAC, *à moitié botté.*

SIDNEY.

Ou donc est la visite
Dont m'a parlé mon fils ?

SARA.

Elle est, ma foi, bien loin.
Je l'ai fait d'un seul mot déguerpir au plus vite.

SIDNEY.

Il voulait me parler.

SARA.

Vous avez la bonté
De le croire. C'était un prétexte inventé,
Pour venir voir Mademoiselle.

FANNI. (*tirant Sara par la robe.*)

Paix donc.

SARA.

Qui, j'en suis sûre, était loin d'y songer.

VILSAC.

Mille bombes de citadelle !
Il a bien fait, sandis, de déloger.
Savez-vous sa demeure, et comment il s'appelle ?

SARA.

De le savoir, Monsieur, je n'ai pris nul souci.
Interrogez Richard qui l'a conduit ici.

RICHARD.

Moi ! c'est un grand mensonge.

SIDNEY.

Ah ! Ah ! Monsieur le drôle,
Vous amenez chez moi, quand je l'ai défendu,
Un inconnu suspect !

RICHARD.

Je veux être pendu,
S'il en est un seul mot.

SARA.

Vous jouez un beau rôle,
En vérité ! Vouloir me faire ici la loi
Devant un étranger !

RICHARD.

Oh ! La scélératesse !

SARA.

Quoi ! vous osez nier qu'en ces lieux, malgré moi,
Vous vouliez qu'il restât ; condamniez son renvoi,
Jusqu'à me reprocher mon peu de politesse !

RICHARD.

Oui. Le fait est vrai, j'en conviens.

SARA.

Vouloir que votre pere à le voir s'intéresse ;
Me demander encor, si j'étais la maitresse
De ce logis !

RICHARD.

D'accord. Je m'en souviens.

SARA.

Vous l'entendez, Messieurs.

SIDNEY.

Eh bien ! Dis-nous donc, traître,
Quel est cet inconnu.

RICHARD.

Battez-moi, tuez-moi,
Je ne le connais point, ni n'ai pu le connaitre.

SIDNEY.

Il n'en démordra pas.

VILSAC. (*bas à Sidney*)

C'est l'amoureux peut-être.
Dont vous m'avez parlé.

SIDNEY. (*bas à Vilsac.*)

J'y songeais, par ma foi.
J'ai su qu'en cette ville on l'avait vu paraitre.

VILSAC. (*à Sara.*)

Ce Monsieur est-il jeune ?

SARA.

Oui : vingt ans à-peu-près.

VILSAC.

VILSAC.

Bel homme !

SARA.

Ah ! Oui. Sa figure est charmante,
Demandez à Madame.

FANNI.

A peine je pourrais
M'en souvenir.

VILSAC.

Fort bien. Jouez l'indifférente.

FANNI.

Auprès de vous, Monsieur, c'est un jeu naturel.

VILSAC.

Du sarcasme ! Du personnel !
Je vous devine au mieux. Pour vous, Monsieur le frere,
Qui faites l'ignorant. . . Sandis ! Par la sambleu !
Que votre ami revienne, et nous verrons beau jeu.

RICHARD.

Allez-vous en au diable !

VILSAC.

Eh donc ! De la colere,
Je crois.

SIDNEY.

C'en est assez. Nous perdons notre tems.
Je suis fort satisfait, Sara, de votre zele.
Peut-être jusqu'au soir nous allons être absens.
(bas.) Observez tout, faites bien sentinelle.
Ne quittez point ma fille, et veillez sur Richard.

SARA.

A mon devoir, Monsieur, vous me verrez fidele.

RICHARD. (*avec persécution.*)

Mon pere!

SIDNEY.

Laissez-moi. . . . Fanni, si par hazard
Il me reste du tems jusques à mon départ,
Je viendrai vous parler d'une affaire importante.

VILSAC.

Qui m'intéresse fort. Adoucias, ma charmante.

RICHARD. (*les suivant après un peu de réflexion.*)

Je ne le quitte pas qu'il ne m'ait écouté.

SCENE VIII.

FANNI, SARA.

FANNI.

A MERVEILLE, Mademoiselle!
Je vous admire, en vérité!
Le voilà donc cet intérêt, ce zéle,
Que vous me vantiez tant!

SARA.

Vous me faites pitié.
Pouvez-vous de Sara soupçonner l'amitié?
D'abord, pour vous servir, n'est-il pas nécessaire
Que j'aye de Sidney la confiance entiere?
Sans cela plus d'espoir.

FANNI.

J'en conviens. Mais pourquoi
Sur l'inconnu, sur Richard faire naître
Des soupçons que jamais ils n'auraient eu peut-être.

SARA.

Eh! Sans cela, Madame, ils retombaient sur moi.
Mais désabusez-vous. J'ai l'oreille assez fine.
Votre pere est instruit plus qu'on ne l'imagine.
Il sait que Floricour est à Londres.

FANNI.

Grands Dieux!

SARA.

D'où vient cette frayeur extrême?
Je ne vois jusqu'ici rien de fort dangereux.
Mais sans perdre en discours des momens précieux;
Occupons-nous de notre stratageme.
Envoyez sur le champ la lettre à Floricour.
Les chevaux, que l'on parte, et puis vive l'amour.

FANNI.

Qui la lui portera?

SARA.

Votre frere lui-même.
Avec lui tout ou rien. Se taire, ou s'en servir,
Dès que vous trouvez bon qu'il soit dans le mystere,
Il faut en le guidant occuper son loisir;
Utile ou malfaisant, tel est son caractere.
Mais souvenez-vous bien que c'est contre mon gré,
Que vous et votre amant l'avez seuls désiré.

FANNI.

Je le désire encor. Il m'aime, il est mon frere;

Mille fois avec lui j'ai pensé me trahir.
Sans parens, sans amis, je ressentais, ma chère,
Un vuide dans mon cœur qu'il pouvait seul remplir.

SARA.

Fort bien. Allons chez vous écrire cette lettre,
Nous pourrons à ses soins sur le champ la remettre.

FANNI.

Dieu propice aux amans, puisses-tu dans ce jour
Protéger la vertu, l'innocence et l'amour.

FIN DU PREMIER ACTE.

L'intervalle du premier au second doit être très-court.

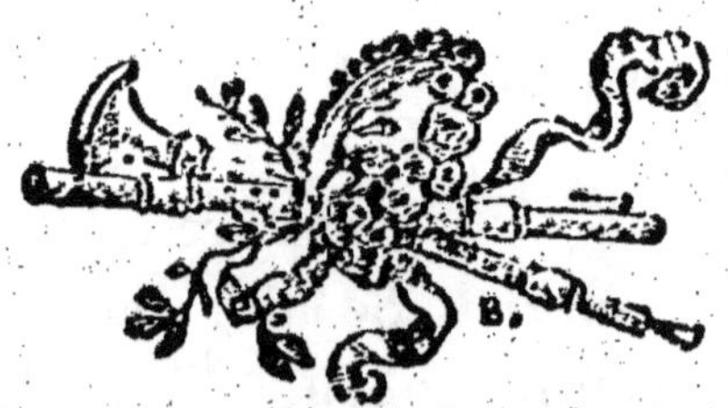

ACTE SECOND.

SCENE PREMIERE.

RICHARD.

Parbleu ! Je suis bien sot de prendre tant de peine
Pour retirer ces gens de leur maudite erreur !
J'annonce une visite, on dit que je l'amene.
Je dis la vérité, l'on m'appelle menteur.
Ah ! Je commence à voir que pour vivre paisible
Dans ce monde pervers, sans amitié, sans foi,
Il faut être bourru, misantrope, insensible,
Se faire un cœur de fer, n'être bon que pour soi.
Eh bien ! Je le serai. Changeons de caractere.
Voici Sara. Je sens redoubler ma colere.

SCENE II.

RICHARD, SARA.

RICHARD.

Scélérate !

SARA.

Étourdi ! Ne cesserez-vous pas
De nous causer, Richard, de nouveaux embarras ?
Qui, diable, vous priait d'avertir votre pere ?

RICHARD. (*avec colere.*)

Je suis trop obligeant.

SARA.

Vous êtes le contraire.
Monsieur Richard, si vous étiez discret,
Je vous ferais la confidence,
De vous à moi, d'un grand secret.

RICHARD.

Ah ! ma chere Sara, compte sur ma prudence,
Mon zéle......

SARA.

Doucement. Promettez-moi d'abord
Que vous ne ferez rien sans m'avoir consultée.

RICHARD.

Oui, toujours avec toi je veux être d'accord,
De ma soumission tu seras enchantée.
Eh bien !

SARA.

Écoutez-moi. Ce jeune homme inconnu,
Qui près de nous tout-à-l'heure est venu,
Est l'amant de Fanni.

RICHARD.

Charmant !

SARA.

Sachez vous taire.
Il vient ici pour la soustraire
A la tyrannie, à la mort,
A Vilsac, en un mot.

RICHARD.

Qui ? Ce juif, ce corsaire
Épouserait ma sœur !

SARA.

Criez encore plus fort.
Toujours le même !

RICHARD.

Excuse ce transport ;
Contre de tels projets il est bien légitime.

SARA.

Pour l'empêcher d'en être la victime,
Il faut nous liguer tous. Fanni, dans ce moment,
Écrit à Floricour.

RICHARD.

Floricour, c'est l'amant ?

SARA.

Oui.

RICHARD.

Que ce nom me plaît ! Je meurs d'impatience
De faire avec lui connaissance.

SARA.

Vous porterez la lettre.

RICHARD. (*l'embrassant.*)

Ah ! mon bijou, mon cœur,
Je ne me sens pas d'aise.

SCENE III.

FANNI, RICHARD, SARA.

FANNI.

A MERVEILLE.

RICHARD.

Ah ! ma sœur !

Tu me vois d'une joie. . . . Embrasse aussi ton frere.
Sara m'a tout appris. Vas, vas, laisse-moi faire,
Dès que je suis ton protecteur,
Ne crains pas que Vilsac soit jamais mon beau-frere.

SARA.

Mais, paix donc.

RICHARD.

As-tu fait ta lettre ?

FANNI.

La voici.
A Floricour lui-même il faudra la remettre.
Il l'attend. Son auberge est en face d'ici.
A ses ordres sur-tout il faut bien vous soumettre,
Et ne rien oublier.

RICHARD.

N'ayez aucun souci.
Heureux jour !

(*Il sort, la lettre élevée dans sa main.*)

SCENE IV.

SIDNEY, VILSAC, *en habits de chasse*, FANNI, SARA, RICHARD.

SIDNEY. (*heurté par Richard.*)

Doucement. Pour qui donc cette lettre?

SARA.

Beau début !

RICHARD.

Cette lettre ?

SIDNEY.

Oui.

RICHARD.

C'est un billet doux
Que j'ai reçu de ma maitresse.

SIDNEY.

Voyons.

RICHARD.

Qu'y verriez-vous ? Amour, zéle, tendresse.
J'y vais répondre. (Il sort.)

SIDNEY.

Allez et laissez-nous.
Fanni, votre bonheur fait mon désir unique,
Je vous vois depuis peu sombre et mélancolique,
J'en devine la cause. Un certain Floricour
Que je ne connais point, ni ne prétends connaître,
De votre cœur sensible a su se rendre maître.
Jadis, je l'avouerai, j'approuvai votre amour;
Je ne l'approuve plus. Un motif légitime
M'a fait changer d'avis, me dicte d'autres loix.
Vilsac a toute mon estime,
Pour être votre époux, c'est lui dont j'ai fait choix.

VILSAC.

Adorable personne, ah! Si l'ardeur sincere
Qui consume mon ame a le droit de vous plaire,
Je ne vois pour Vilsac qu'un siecle de bonheur.

SIDNEY.

Eh bien! Fanni, pas un mot de réponse.

VILSAC.

Que sur mon heureux sort votre bouche prononce.

SIDNEY.

Allons, ma chere amie, interroge ton cœur,
Ne vas pas y chercher ces feux, ni cette ardeur,
Au vrai bonheur toujours nuisible,
N'y cherche qu'un amour paisible.
C'est là le véritable; il est sans passion.

SARA.

C'est à quoi bien souvent j'ai fait réflexion.
Pour vivre heureux époux, rien n'est meilleur, je pense,
Qu'un peu d'amour... mêlé d'un peu d'indifférence.

VILSAC.

Ainsi, vous acceptez la proposition.

FANNI.

Mon silence, Vilsac, aurait dû vous instruire.
Mais puisqu'enfin il ne peut vous suffire....

(*On entend un bruit de cor-de-chasse derriere le théâtre. Richard criant* ohé! ohé!

SIDNEY.

Quel tapage chez moi! Qui peut venir ainsi?

VILSAC.

Ce sont nos deux chevaux que l'on amene ici.

SIDNEY.

Adieu. Vous entendez ce que je vous annonce.

VILSAC.

Nous reviendrons ce soir chercher votre réponse.

SARA.

Allez, et puissions-nous ne jamais vous revoir!
Mais le bruit vient à nous. J'ai peine à concevoir.
Quoi! Jusqu'ici!

(*Richard arrive sur la scene avec le cor. Même tapage.*)

SCENE V.

FANNI, SARA, RICHARD.

FANNI.

Richard, épargnez-nous de grace.

RICHARD. (*qui a fait signe au cor de se retirer*)

Eh bien, Sara, ma sœur ! A quoi donc pensez-vous ?
Pourquoi n'avoir pas mis l'habillement de chasse ?
Les chevaux sont en bas.

SARA.

Les chevaux ! C'est à nous
Que vous les offrez !

RICHARD.

Oui. D'où vient cette surprise ?

SARA.

Oh ciel ! Il aura fait encor quelque sottise.
Expliquez-vous, parlez. Floricour, qu'a-t-il dit ?
Qu'a-t-il fait ? Etes-vous porteur de quelque lettre ?

RICHARD.

Sans doute. Il m'a chargé d'un petit mot d'écrit.

SARA.

Donnez donc.

RICHARD.

A Sidney je viens de le remettre.

FANNI.

A mon pere ! Grands Dieux, devenez notre appui.

SARA.

Sot, étourdi, brouillon, animal, imbécille,
Désobligeant toujours en voulant être utile;
Sais-tu bien tout le mal que tu fais aujourd'hui?
La lettre était pour nous, et les chevaux pour lui.

RICHARD.

Ma sœur, si j'ai mal fait, ce n'est point par malice.
De grace, excuse mon erreur.

FANNI.

On vous dirait créé pour faire mon malheur.

SARA.

Paix! Il vient. Essayons encore l'artifice,
Pour réparer ses torts. Et vous, Monsieur le sot,
Je vous étranglerai, si vous dites un mot.

SCENE VI.

SIDNEY, VILSAC, FANNI, RICHARD, SARA.

SARA. (*feignant ne pas les voir.*)

Non, non. N'espérez pas adoucir ma colere,
Je vais à l'instant même informer votre pere
De tous vos beaux projets pour l'éloigner d'ici.
Écrire à Floricour! N'avez-vous point de honte?
Je veux que dès ce jour, il me donne mon compte.
Je ne puis plus long-tems.... Ah! Monsieur, vous voici!
Savez-vous ce qu'on trame ici dans votre absence.

SIDNEY.

Oui. Je sais tout. Richard, sortez de ma présence. *(Richard sort.)*
Fanni, connoissez-vous la lettre que voici ?

FANNI. (*après avoir regardé l'adresse.*)

Elle est de Floricour.

VILSAC.

La réponse est sincere.

FANNI.

Je n'en fais jamais d'autre.

SIDNEY.

Aidés par votre frere,
Vous vouliez donc vous voir en toute liberté ?
Vous vouliez vous jouer de ma crédulité !

SARA.

Oui, Monsieur, sans Richard et son étourderie,
Le succès couronnait toute leur fourberie.
Vous, une fois dehors, on s'occupait du soin
D'éloigner ma présence; et sans bruit, sans témoin,
Le loup s'introduisait dans notre bergerie.

SIDNEY.

La lettre m'a tout expliqué.

SARA.

Enfin, grace à Richard, le projet a manqué ! *(Elle rit.)*
Le plaisant quiproquo ! Vouloir à votre place,
Nous envoyer courir la chasse !
Comment le trouvez-vous ?

SIDNEY.

Il est, ma foi, plaisant,
Et l'erreur du maraud, malgré moi, me fait rire,

SARA.

Bon ! vous n'avez pas vu le plus divertissant ;
La joie avec laquelle il est venu nous dire,
(le contrefaisant.) Les chevaux sont en bas. A quoi donc pensez-vous ?

(*Ils rient tous les trois à gorge déployée.*)

VILSAC. (*à Fanni.*)

Allons, plus de rancune, et riez avec nous.

FANNI.

Vous m'excédez.

SIDNEY.

Sara, faites venir sur l'heure
Mon Notaire Monsieur Thomas.

(*bas.*) SARA. (*haut.*)

Ceci n'est plus si gai. J'ignore sa demeure.

SIDNEY.

Jacques doit la savoir.

SARA. (*bas à Fanni.*)

Ne vous alarmez pas,
Et fiez-vous à mon adresse.

SCENE VII.

SIDNEY, VILSAC, FANNI.

VILSAC.

BELLE FANNI, vous voyez que ce jour
Est celui du bonheur promis à ma tendresse.
Le Notaire bientôt. . . .

FANNI.

Oui, Monsieur, le tems presse.
Ainsi je vais vous parler sans détour.
Je ne vous aime point. Je chéris Floricour.
Voyez après cela ce qu'il vous reste à faire.

SIDNEY.

Ma fi le !

VILSAC.

J'aime fort la déclaration.
Permettez-moi pourtant de croire le contraire.
Vous voulez m'éprouver, voir si ma passion
Est constante. Eh ! Sandis, qui pourrait la détruire,
Quand c'est votre bien seul que mon ame désire.

FANNI.

e cro is.

VILSAC.

Par le bien, j'entends votre bonheur.
Laissez-vous donc toucher par ma sincere ardeur.
Et croyez que Vilsac, qu'un pere qui vous aime,
Vous sauvent d'un malheur que vous fuyeriez vous-même,
Si mieux instruite. . .

FANNI.

Qui ? moi, je pourrais changer !
Moi ! Je pourrais à l'amant le plus tendre
Vous préférer ! Tenez, craignez de m'obliger
A tenir des discours. . . .

VILSAC.

Je pourrai les entendre,
Madame. . . . Expliquez-vous. . .

SCENE VIII.

SIDNEY, VILSAC, FANNI, SARA.

SARA.

Jacques vient de partir ;
J'ai cru devoir, Monsieur, le prévenir
Que c'était pour un mariage.

SIDNEY.

Je l'avais oublié. Vous avez fort bien fait.

SARA.

Et vous, Vilsac, êtes-vous satisfait
De ma maitresse ?

VILSAC.

On ne peut davantage.
On me brusque, on me gronde, on dit que l'on me hait.
Quand depuis dix-huit mois, nous serions en ménage,
Sur mon honneur, cela n'irait pas mieux.

SARA.

Quand on verra le Notaire, je gage
Qu'on changera de ton.

FANNI.

Jamais.

SIDNEY.

L'un de nous deux
Doit en changer, Fanni. J'ai de la patience ;
Craignez de la lasser.

VILSAC.

Ingrate indifférence !
Moi,

Moi, que mille pays s'estimeraient heureux
De posséder, je reste ici de préférence,
J'y fixe mon séjour, pour qui? Pour ses beaux yeux!

SARA.

Quel courage, quelle constance!
S'exposer aux refus d'un cœur capricieux,
Lorsque peut-être en d'autres lieux,
Plus d'un sensible cœur gémit de votre absence!

VILSAC.

C'est la vérité pure, ou je veux être un fat.
J'ai même eu sur ce point mainte affaire d'éclat.

SIDNEY.

Vous!

VILSAC.

Moi-même. Eh! Qui donc? Je suis vif, et ma bile
Facilement s'échauffe. Une fois entre mille,
Un petit Duc, qu'on appellait. . . . .
(Mais je tairai le nom; il faut être discret.)
Parce que je me vis adoré de sa fille,
S'avisa de vouloir m'enter sur sa famille.

SARA.

La Demoiselle étoit riche?

VILSAC.

D'un million.

SARA.

Belle?

VILSAC.

Comme Vénus.

SARA.

Une telle union

Dut flatter votre cœur.

VILSAC.

Je vous demande excuse.
Avec tous ses biens, ses appas,
La fille ne me plaisoit pas ;
Très-poliment je la refuse.
On me cherche chicane, on prétend que j'ai tort.
Voilà pour m'achever, que mon malheureux sort
Veut que la pauvre fille en meure.
Là-dessus, je me vois en butte à mille gens.
On veut que je me batte. Ehbien ! A la bonne heure.
Battons-nous, Messieurs les Parens.
Durant trois jours entiers, j'ai mis pour cette fille,
Oncles, freres, cousins, et toute la famille,
L'un après l'autre hors de combat.
Vous jugez que l'affaire a fait beaucoup d'éclat.
Il m'a fallu quitter la France.
Je viens ici, vous vois, et trouve mon vainqueur.
Oui, C'est à vous, Fanni, que j'offre de mon cœur,
De ma main, de ma foi l'entiere jouissance.

FANNI.

Vous m'aimez donc beaucoup ?

VILSAC.

De toute ma puissance.

FANNI.

Eh bien ! Pour le prouver, montrez-vous aujourd'hui
Juste, humain, généreux, et mon plus ferme appui.
Honorez mon hymen d'un refus héroïque.
De la fille du Duc je crains le sort tragique ;
Elle est morte d'amour, moi je mourrais d'ennui.

VILSAC. (*à Sidney.*)

Elle est gaie.

SIDNEY.

A mes yeux c'est un heureux présage.
Fanni, sois raisonnable et laisse-toi fléchir.

SARA. (*bas à Fanni.*)

Vous savez mes raisons, feignez de consentir.

FANNI.

Sur le champ vous voulez que je me détermine!

SIDNEY.

Le danger t'environne, on trame ta ruine.
Pour déjouer l'intrigue, achevons aujourd'hui.

(*Jacques paraît.*)

Eh bien! Monsieur Thomas.

JACQUES.

Il n'était pas chez lui.
Voici deux de ses clercs qui viennent à sa place.

(*il sort.*)

SCENE IX.

Les précédens, RICHARD, FLORICOUR *en clercs de Notaire.*

SARA. (*bas à Fanni.*)

VOTRE FRERE! . . . . il l'aura forcé de l'amener.
Quel homme!

FANNI.

Tout mon sang dans mes veines se glace.

SIDNEY.

Entrez, Messieurs.

FLORICOUR.

Daignez, s'il vous plait, m'enseigner
Monsieur Sidney.

SIDNEY.

C'est moi.

FLORICOUR.

Ravi de l'avantage
De vous voir. Nous avons reçu votre message,
Et nous venons avec empressement,
Vous offrir notre plume et notre dévouement.

SIDNEY.

Je lui trouve un accent qui n'est pas ordinaire.
Avez-vous demeuré toujours en Angleterre ?

FLORICOUR.

Non, Monsieur. J'ai passé ma jeunesse à Paris.

SIDNEY.

C'est cela. De l'accent je ne suis plus surpris.
Vous êtes donc les clercs de mon Notaire.

FLORICOUR.

On le dit.

SIDNEY.

Il s'ágit d'une importante affaire,
De marier ma fille à Monsieur que voici.

FLORICOUR.

Je vois deux personnes ici.
C'est sans doute Mademoiselle.

VILSAC.

Eh ! non, sandis, ce n'est pas elle.

N'allez pas vous tromper.

SARA.

Mon Dieu ! ne craignez rien.
Quitte à quitte. Monsieur, vous voyez ma maîtresse.

FLORICOUR.

Votre âge me semblait mieux convenir au sien.

SARA.

Mon âge ! grand merci de votre politesse.

SIDNEY.

Finissons. Ces Messieurs doivent être pressés.
Procédons au contrat.

FLORICOUR.

J'en ai de tous dressés.
J'abrege ainsi le tems des écritures.
Il ne faut que les noms avec les signatures.

(Ils s'approchent du Bureau, Richard s'assied pour écrire, Floricour à côté de lui.)

FANNI.

Pour la derniere fois, ne puis-je vous fléchir ?

SIDNEY.

Ma chere enfant, daigne donc réfléchir
Sur tes vrais intérêts. C'est ma seule tendresse,
Qui m'a fait à Vilsac donner cette promesse.

VILSAC.

Mon petit cœur !

SARA.

Madame !

FANNI.

Hélas ! Tous contre moi !
Mon pere, j'obéis. Disposez de ma foi.

(*Vilsac lui baise la main.*)

FLORICOUR.

Nous en sommes aux noms.

VILSAC.

Voulez-vous bien écrire
Ignace de Vilsac.

FLORICOUR. (*dicte à Richard.*)

Honoré Floricour.

RICHARD.

A toi, ma sœur. (Coup de Théatre.)

VILSAC.

Sa sœur !

SIDNEY. (*ôtant la perruque à Richard.*)

Richard ! Un nouveau tour
Qu'on nous joue !

SARA.

Oui, Monsieur, je réconnais mon homme,
L'inconnu de tantôt.

VILSAC. (*allant à Floricour.*)

Que le diable m'assomme,
Si je......

FLORICOUR. (*lui serrant le poignet.*)

Modérez-vous.

SARA. (*à Richard.*)

Osez-vous, malheureux,
En place d'un Notaire, amener en ces lieux,
Un amant déguisé ? Rentrez Mademoiselle.

(*Fanni sort.*)

Et vous, Monsieur l'envoyeur de chevaux,
Sachez que je ferai si bonne sentinelle
Que nous ne serons plus dupes de vos complots.

(*à Sidney.*)

Examinez-le bien. Tenez, à présent même,
Je gage qu'il médite un nouveau stratagême,
Pour vous éloigner tous les deux.

(*bas.*) (*haut.*) FLORICOUR.

J'entends. N'accablez pas un amant malheureux.

SIDNEY.

Je ne puis revenir de ma surprise extrême.
C'est donc là Floricour !

FLORICOUR.

Oui, Monsieur, c'est lui-même.

SIDNEY.

Quel étoit son projet sous ce déguisement?

FLORICOUR.

De vous forcer à lui rendre justice,
A tenir un engagement
Que, sans un intrigant, tout pétri d'artifice,
Vous rempliriez encor.

VILSAC.

Un intrigant ! Qui ?

FLORICOUR.

Vous.

(*bas.*) RICHARD.

Bien tapé.

VILSAC.

Je ne sais qui retient mon courroux.

FLORICOUR.

Je le sais, moi.

(*fierement.*) VILSAC. (*modérément.*)

Morbleu!... Jeune homme, on vous excuse.

(*avec défi.*) FLORICOUR.

Tout comme il vous plaira.

SIDNEY.

Quoi des transports jaloux,
Des menaces chez moi, lorsque tout vous accuse!
Lorsqu'après votre indigne ruse,
Je me contrains encor jusques à vous parler!
Retirez-vous.

FLORICOUR.

Monsieur, si vous daignez m'entendre...

SIDNEY.

Non. Je n'écoute rien. Vilsac sera mon gendre.

FLORICOUR. (*à Vilsac.*)

Eh bien! Je me retire.... Avant de m'en aller,
Ne pourrais-je, Vilsac, savoir votre demeure?

VILSAC.

Pour quel sujet, Monsieur?

FLORICOUR.

Pour vous dire deux mots.

VILSAC.

Si j'en devine un seul, je consens que je meure.
Expliquez-vous ici.

FLORICOUR.

Non. Il est à propos
Que nous sortions.

VILSAC.

Eh bien! Aujourd'hui, tout-à-l'heure.

Ils sortent ensemble. Jeu de Théatre, au gré des Acteurs, à cause des deux portes.

SCENE X.

RICHARD, SIDNEY, SARA.

SARA. (*retenant Richard qui veut les suivre.*)

RESTEZ.

SIDNEY.

Messieurs, Messieurs... Vilsac, écoutez-moi.
Ils sont bien loin.

RICHARD.

Faut-il courir après, mon pere?

SIDNEY.

Encore ici, pendard! Redoute ma colere.
Va-t'en.

RICHARD. (*à part.*)

Restez... Va-t'en... Ceci cache, je crois,
Du mystere. Écoutons. *Il se cache pour écouter.*

SIDNEY.

Sara, je n'ai nul doute
Sur votre zéle et votre probité.
Parlez-moi vrai ; personne ici ne nous écoute.

RICHARD. (*caché.*)

Excepté moi.

SIDNEY.

Qui peut avoir dicté
A Fioricour cette trame assassine
Du contrat, du Notaire ?

SARA.

Aisément je devine
Que votre fils lui seul est l'auteur du projet.
Jacque aura pu lui dire où Monsieur l'envoyait ;
Là-dessus le complot s'est formé.

RICHARD. (*caché.*)

La coquine !

SARA.

L'étourdi, par bonheur, a fait tout découvrir.

SIDNEY.

Pour de nouveaux projets ils vont se réunir.
Soyez bien vigilante. Il n'est pas difficile
De déjouer Richard.

SARA.

C'est un franc imbécille.

RICHARD. (*caché.*)

Bien obligé, Sara.

SIDNEY.

Mais ma fille, comment

La faire renoncer à son attachement
Pour Floricour ?

SARA.

Jamais. Je la crois décidée.

SIDNEY.

Voyez-la, parlez-lui. Vous pourriez réussir
A lui faire changer d'idée.

SARA.

Je veux bien l'essayer, si c'est votre plaisir.
Mais je connais par cœur ce qu'elle va me dire.
A l'Hymen de Vilsac comment puis-je souscrire,
Quand j'aime Floricour ? Dépend-il donc de moi
De changer mon cœur ? Non. Lui seul aura ma foi.
Par mon pere, d'ailleurs, elle lui fut promise.

SIDNEY.

De donner mon aveu quand j'ai fait la sottise,
Je ne connaissais pas encore Floricour.
Aujourd'hui, mieux instruit, j'ai bien le droit peut-être
D'annuller ma promesse.

SARA.

Eh ! tout le long du jour,
C'est ce que je lui dis. Mais ce fatal amour,
Jusqu'à ce point de son cœur est le maitre,
Qu'elle croit mieux que vous encore le connaître.
Pendant deux ans entiers, dit-elle, je l'ai vu.
Non, de plus de délicatesse,
De probité, de vertus, de tendresse,
Aucun mortel ne fut jamais pourvu.
Quelle amitié pour moi ! Quel respect pour ma mere !

Comme elle l'estimait! Ah! si mon tendre pere
En France avec nous fut venu;
Si par les yeux d'un autre il n'était prévenu....

SIDNEY. (*Jacques paroît.*)

Leur départ m'inquiéte. Eh bien! Qu'est-ce?

SCENE XI.

SIDNEY, JACQUES, SARA, RICHARD.

JACQUES.

(*Donne une lettre à Sidney, et en glisse une autre à Sara.*)

Une lettre
Qu'un laquais sur le champ m'a dit de vous remettre.

SIDNEY.

Attend-il la réponse?

JACQUES.

Oh! mon Dieu non, Monsieur,
Ses pas précipités indiquaient sa frayeur. (Il sort.)

SIDNEY. (*la décachetant avec peine, parce qu'il se presse.*)

Oh ciel!... Voyons.

SARA.

Son air annonce la surprise.

RICHARD.

(*sort de sa cachette, et s'avance derriere lui.*)

Cette lettre m'intrigue. Il faut que je la lise.

SIDNEY.

(*sur qui Sara fait tomber Richard.*)

Que faites-vous donc là, Monsieur l'impertinent ?

RICHARD.

J'attends vos ordres.

SIDNEY.

Vous! des ordres! pour quoi faire?

RICHARD.

Lisez, lisez toujours. Si, par événement,
D'après le contenu, je puis vous être utile,
Qu'il faille aller, venir, courir toute la ville,
Me voici prêt, vous n'avez qu'à parler.

SIDNEY.

Que le ciel puisse te confondre,
Maudit bavard! veux-tu bien t'en aller?

RICHARD.

Grondez-moi, fâchez-vous. Je ne dois rien répondre.
Mais mon premier devoir, mon plaisir le plus doux,
Celui de vous servir, me fixe auprès de vous.

SIDNEY.

(*bas.*) Il ne s'en ira pas. Usons de stratagême.
(*haut.*) Puisque décidément vous le voulez, mon fils,
Vous pouvez m'obliger. Allez à l'instant même,
Savoir chez mon banquier, s'il a reçu l'avis
Du payement des effets qu'en ses mains j'ai remis.

RICHARD. (*bas.*)

Oui, mon pere. Courons en toute diligence;
De cette lettre il faut que j'aye connoissance.

(*Il sort en courant.*)

SCENE XII.

SIDNEY, SARA.

SIDNEY.

SARA, je demeure interdit.
Le voilà ce malheur que je craignais d'avance.

SARA.

Qu'est-ce donc ?

SIDNEY.

Écoutez. Voici ce qu'on m'écrit :
» Floricour et Vilsac viennent de se battre. Flori-
» cour est blessé, l'autre a pris la fuite. Volez à son
» secours. Il vous attend du côté de Depford. »
Le billet est sans signature.

SARA.

Un duel exigeait cette précaution.
Mon Dieu! mon Dieu! la fatale aventure !
(*à part.*) C'est un tour, je le gage.

SIDNEY.

En cette occasion,
Que me conseillez-vous ? Que faut-il que je fasse ?

SARA.

Ma foi, Monsieur, à votre place,
J'irais le secourir. Le cas est très urgent ;
Étranger dans ces lieux, peut-être sans argent ;
Votre secours est le seul qui lui reste.

SIDNEY. (*avec trouble.*)

Je vais chercher Vilsac...... Ce pauvre Floricour.....

Fanni.... Cachez-lui bien cette histoire funeste.

SARA.

Oui, Monsieur. Serez-vous aujourd'hui de retour ?

SIDNEY.

Je l'ignore. En tout cas, c'est à votre prudence
Que je remets ma fille. Il faut dans mon absence
Qu'elle ne puisse voir personne absolument.

SARA.

Soyez tranquille.

SIDNEY.

Adieu ! quel triste événement !

SCENE XIII.

SARA. (*tirant sa lettre de sa poche.*)

Lisons la mienne... *A notre protectrice.*
Oui, je l'aime, il me rend justice.

» Tranquillisez Fanni sur mon compte. Je ne suis » point blessé ; je ne me suis pas même battu. Ce » duel n'est donc qu'un stratagême auquel j'ai donné » l'air de la vérité pour éloigner Sidney. S'il réussit, » j'irai vous voir après son départ. Sinon, ce soir à » dix heures, je serai sous la fenêtre basse de votre » cabinet. Ayez soin de la tenir ouverte. C'est par-là » que j'entrerai, dès que vous serez seules. Faites-» moi alors le plaisir de chanter. Ce sera le mot du » guet pour votre ami Floricour.

» P. S. Ne craignez rien de Vilsac. Il est à mes ordres, » doux comme un mouton. »

Pourquoi donc cette ruse, et quel est son projet ?
Allons vite à Fanni lire ce doux billet.

SCENE XIV.

RICHARD. (*accourant.*)

EH BIEN ! personne ici ! Peste soit del a banque,
Et du banquier ! J'ai cru qu'il ne finirait pas,
Monmalheurestconstant. A présent rien n'y manque,
Que devenir, que faire ? Où diriger mes pas ?
Je ne trouve par-tout qu'embarras, que mysteres.
Tantôt oui, tantôt non, tantôt blanc, tantôt noir.....
Mes soins pourtant ici sont des plus nécessaires.
Employons mon esprit, mes talens, mes lumieres.
Je veux les servir tous. Je prétends tout savoir ;
En ce moment peut-être on maudit mon absence.
On me cherche, on se plaint de mon indifférence.
Hein !... Plait-il ?... Qui m'appelle ? Hélas ! frivole espoir !
Personne ne répond.... Quel désert ! Quelle silence !
A quoi l'attribuer ? Il n'est pas naturel.
(*appelant.*) Sara... Jacques!...

SCENE XV.

RICHARD, JACQUES.

JACQUES. (*accourant.*)

MONSIEUR!

RICHARD.

RICHARD.

Enfin, graces au Ciel,
Je rencontre une ame vivante.
Approchez, répondez. Où sont-ils tous allés ?

JACQUES.

Qui? Quoi? Voyons. Comment? Qu'est-ce que vous
voulez ?

RICHARD.

Où sont Sidney, Vilsac, ma sœur, sa gouvernante,
Floricour, que fait-il ? Quel était ce valet,
Qui tantôt est venu ?

JACQUES.

Doucement, s'il vous plaît.
A tant de questions je ne saurais répondre.
Modérez-vous, Monsieur, et pour ne rien confondre,
Allons par ordre.

RICHARD.

Allons, je le veux bien.
Qu'est devenu mon pere ?

JACQUES.

Il est..... Je n'en sais rien.

RICHARD.

Et ma sœur ?

JACQUES.

Je ne sais.

RICHARD.

Et Sara ?

JACQUES.

Je l'ignore,

RICHARD.

Vilsac et le laquais, vous l'ignorez encore
Sans doute ?

JACQUES.

Oh! Pour ceux-là... Je n'en sais rien du tout.

RICHARD.

Vous voulez donc pousser ma patience à bout ?

JACQUES.

Qui ? Moi ! Non, le diable m'emporte !
Vous seul ici causez votre tourment.
Au bout du compte, que m'importe
Que tout ce monde aille, vienne, entre ou sorte ?

RICHARD.

Mais il m'importe à moi. Le cas est différent.
Jacques, mon cher ami, mon unique ressource,
Crois que mes questions ne sont que pour leur bien,
C'est pour les obliger... Tiens, prends, voici ma bourse.
Que sais-tu? Qu'as-tu vu ? Ne me déguise rien.

JACQUES.

En vérité ! Cet homme est un prodige.
Mais encore une fois, je ne sais rien, vous dis-je.

RICHARD.

Tu n'as rien vu ?

JACQUES.

Si fait. J'ai vu Sidney sortir
A pied tout seul.

RICHARD.

Mon pere ! Il aurait dû m'attendre.
C'est un service encor que je pouvais lui rendre.

Mais c'est ma faute aussi. Peut-être à revenir
J'ai trop tardé. Sais-tu quelle route il a prise ?

JACQUES.

Le chemin de la poste, en disant que ce soir. . . . . .

RICHARD.

Le chemin de la poste !... Adieu.

JACQUES.

Jusqu'au revoir.

(*Pesant la bourse.*)

Parbleu ! L'aventure est exquise.
Mais cet argent ! Comment l'ai-je donc mérité ?
Ne dois-je pas le rendre en bonne conscience ?
Je n'ai rien dit.... Tant mieux. Il est la récompense
En ce cas-là, de ma fidélité.

FIN DU SECOND ACTE.

ACTE TROISIEME.

SCENE PREMIERE.

FLORICOUR, FANNI, SARA.

FANNI.

Je n'y consentirai jamais.

FLORICOUR.

Puisque toute espérance enfin nous est ravie,
C'est l'unique moyen d'abréger ces délais,
Qui font le tourment de ma vie.
Voulez-vous pour jamais me rendre malheureux ?

FANNI.

Moi ! Qu'un hymen secret, sans l'aveu de mon pere,
Me livre à des remords, à sa juste colere !

FLORICOUR.

Croyez qu'il finira par se rendre à nos vœux.

FANNI.

Non. Ne l'espérez pas. De son ame irritée
Les sentimens me sont trop bien connus.
Après cette démarche, il ne me reste plus
Que le malheur certain d'être déshéritée.

FLORICOUR.

Il vous reste mon bien. Il vous reste un époux,
Qui vous adorera tous les jours de sa vie.
Amis, parens, biens et patrie,
Floricour sera tout pour vous.

FANNI. (*à Sara.*)

Contre moi-même, hélas! j'ai peine à me défendre.

SARA.

Floricour, je suis loin d'approuver ce parti.
Puisque Vilsac enfin, par force a consenti
A vous céder sa main, que risquez-vous d'attendre?

FLORICOUR.

Ce que je risque! Tout. Que son pere irrité,
Aigri peut-être encor par un rival perfide,
A partir avec elle enfin ne se décide;
Ne l'emmene en un lieu solitaire, écarté,
Pour la soustraire aux yeux de son ami fidele.
Voilà ce quo je crains.

SARA.

Voilà ce qu'on appele
Une peur chimérique, et sans nul fondement.

FLORICOUR.

Ainsi vous espérez que son consentement
Va lever tout obstacle à notre mariage.

SARA.

Non. Ce ne sera pas l'affaire d'un moment.
Tous vos tours, vos complots, ce malheureux voyage,
Ce changement forcé de Vilsac son ami,
Pourront d'abord le rendre encor plus affermi
Dans ses refus; sur-tout s'il sait qu'en son absence,
On vous a vu chez lui, nonobstant sa défense.
Mais il aime sa fille, et j'espére qu'un jour,
Il verra sans courroux ses vœux et votre amour.

FLORICOUR.

Un jour, un an, un siécle de martyre!

SARA.

Paix donc, on monte, on court.

FANNI.

Ciel ! Que vient-on nous dire ?

SCENE II.

FLORICOUR, FANNI, SARA, JACQUES.

JACQUES.

Voici Monsieur qui vient. Votre frere Richard L'accompagne.

FANNI.

Mon pere ! Oh Ciel ! Je suis perdue.

FLORICOUR.

Adieu, Je me retire.

JACQUES.

Eh ! Non. Il est trop tard. Vous seriez rencontré.

FLORICOUR.

Je vais donc les attendre.

SARA.

Non pas. Ce prompt retour me fait trembler pour vous. La ruse est découverte.

FANNI.

Eh bien ! Que ferons-nous ? Parle, quel parti faut-il prendre ? Sara, chere Sara.

SARA.

Laissez-moi donc chercher.

(*à Jacques.*)

Toi, fais leur quelque histoire, et tâche de suspendre
Leur arrivée. (*Il sort.*) Et vous, il faudroit vous cacher.

FANNI.

Dans quel endroit ?

SARA.

Fort bien. L'idée est assez bonne.
Portons d'abord la harpe en votre cabinet.

(*Elle découvre la harpe, et la porte dans le cabinet.*)

Vous, endossez sa housse, et droit comme un piquet,
Restez sans remuer. Je jure que personne
N'ira vous chercher là.

FLORICOUR.

Quoi sans cesse la ruse,
Quand on pourrait ! . . .

SARA. (*lui tendant la housse.*)

On frappe. Entrez donc vite, entrez.
Nous trouverons aisément une excuse
Pour l'emmener ailleurs, et vous vous sauverez.
De grace, dépêchons. Ils vont bientôt paraître.

FANNI. (*voyant qu'il hésite.*)

Mon ami, voulez-vous nous ôter tout espoir ?

FLORICOUR.

Je cède... A votre tour, vous permettrez peut-être
Qu'avant la fin du jour, je revienne vous voir.

SARA.

(Pendant la phrase suivante, Fanni arrange Floricour, Sara va prendre des lumieres dans la coulisse, les met sur la table, et va travailler avec Fanni.)

C'est chose convenue... A dix heures du soir..
Du petit cabinet j'ouvrirai la fenêtre......
Lorsque nous chanterons, vous l'escaladerez.
M'entendez-vous ?

FLORICOUR.

Oui, oui. Lorsque vous chanterez.

FANNI.

Mais Sara, quelle extravagance !

SARA.

Laissez-moi vous conduire. Allons, de la prudence,
Ils entrent.

SCENE III.

SIDNEY, RICHARD, FANNI, SARA, FLORICOUR *caché.*

SARA.

Quoi ! Monsieur, vous voici de retour ?

SIDNEY.

Oui, parbleu ! Me voici.

FANNI.

Qu'avez-vous donc, mon pere ?

SIDNEY.

Je n'ai rien, rien du tout.

FANNI.

Pourquoi cette colere ?

SIDNEY.

Vit-on jamais jouer un pareil tour !
Il faut pour l'inventer, avoir l'ame bien noire.
J'en connoitrai l'auteur. A-t-on vu Floricour ?

SARA.

Non, Monsieur.

SIDNEY.

C'est lui seul qui forgea cette histoire.

FANNI.

Ne pouvons-nous savoir d'où vient votre courroux ?

SIDNEY.

Non.

RICHARD.

Interrogez-moi. Je puis vous satisfaire.

SARA.

Parlez donc.

RICHARD.

Vous rappellez-vous
Cette lettre tantôt apportée à mon pere ?

SARA.

Oui.

RICHARD.

C'était une fable inventée à plaisir.

SARA.

Ah! Tant mieux. Mais comment a-t-on pu découvrir?

RICHARD.

C'est à moi seul, Sara, qu'en appartient la gloire.
Mon pere étoit parti, trompé par cette histoire

Du duel de Vilsac. Surpris de ce départ,
Vite, je le poursuis. Par un heureux hazard,
Floricour et Vilsac se trouvent sur ma route.
A la poste arrivé, que vois-je? Il étoit tems.
Une chaise partait, mon pere était dedans.
J'arrête la voiture. Il s'explique, m'écoute.
Je lui prouve aisément qu'on s'est joué de lui,
Et le fais renoncer à son maudit voyage.
Eh bien! Mademoiselle, ai-je eu tort aujourd'hui,
De me mêler des affaires d'autrui?

SARA.

Oh! Non. Vous avez fait un admirable ouvrage.

RICHARD.

Pour courir après lui, je me suis mis en nage.

SIDNEY.

Fanni, je ne veux point pénétrer vos secrets.
Je vous crois étrangere aux complots d'un perfide;
Mais il faut mettre obstacle à ses nouveaux projets,
Et qu'entre vous et moi ce jour même décide.
Vilsac va revenir, je l'espere du moins.
J'ai fait avertir le Notaire;
Je vais en l'attendant chercher quelques témoins
Dont la présence ici nous sera nécessaire.

FANNI.

Des témoins! un Notaire!

SIDNEY.

Oui. Je veux en finir.

FANNI.

La démarche me semble un peu précipitée.

SIDNEY.

De disputer encore je n'ai pas le loisir.

(*à Sara.*)

Donnez-moi mon manteau.

RICHARD.

Je vais vous le querir.

(*Il entre dans le cabinet. On entend un grand bruit.*)

SIDNEY. (*regardant dans le cabinet.*)

Quel tapage ! Fort bien. La harpe est culbutée.

FANNI.

Ma harpe !

SARA.

L'étourdi !

RICHARD. (*sortant du cabinet.*)

Mon pere, le voici.

Rassure-toi, ma sœur. Elle n'est point gâtée.

SIDNEY.

Que vois-je ! Deux harpes ici !

SARA.

L'une est à nous, Monsieur, et l'autre est empruntée.

SIDNEY.

Pourquoi deux instrumens ?

SARA.

Pour jouer des duos

Avec le maitre.

RICHARD.

Bon ! Il vient fort à propos.

SCENE IV.

Les précédens, LE MAITRE DE HARPE.

FANNI.

JUSTE Ciel !

LE MAITRE DE HARPE.

Servitor à toutta l'assistance.
Comé va la harpa ?

FANNI.

Je la laisse en souffrance,
Sans en pouvoir jouer... La tristesse, l'ennui...
Monsieur, faites-moi grace au moins pour aujourd'hui.

LE MAITRE.

Presto, Ma Damigelle ! Oun poco di mousique.
Per gouarir il dolor esselaint' specifique.

SIDNEY.

Oui. Oui. Dissipe-toi, ma fille, il a raison.

RICHARD.

Quelque joli duo.

FANNI.

Je sens une migraine
Qui ne me permet pas de prendre ma leçon.
(*à Sara.*)
Donne-lui son cachet, que demain il revienne.

SARA. (*lui donnant son cachet.*)
Adieu.

RICHARD.

Veux-tu, Fanni, que pour toi je la prenne ?

FANNI.

Cela ne se peut pas.

SARA.

(*Elle pousse le maitre qui se retourne et revient.*)

Quoi ! Je vous vois encor !

LE MAITRE.

Il signor sa pincer della harpe !

RICHARD.

Oui, Signor.

Voulez-vous que je joue un prélude ?

SARA.

Le traitre !

Il ne s'en ira pas.

(*Elle le chasse tout-à-fait.*)

RICHARD. (*allant pour découvrir la harpe.*)

Tu permettras peut-être,

Ma sœur.....

FANNI. (*se mettant au devant.*)

Épargnez-moi, de grace, pour l'instant.

RICHARD.

Que je l'accorde au moins.

FANNI.

L'obstiné caractere !

C'est par méchanceté. Vous le voyez, mon pere.

SIDNEY.

Vous aurez donc toujours l'esprit contrariant,

Richard, sortez d'ici. (*Il sort.*) Sara, qu'il vous souvienne
Que je dois être ici dans une heure.

SARA.

Oui, Monsieur.

(*à Fanni.*)

Il faut l'accompagner, de peur qu'il ne revienne.

SCENE V.

RICHARD, FLORICOUR *caché.*

FLORICOUR. (*allant pour se découvrir, voit entrer Richard.*)

IL RENTRE. Amusons-nous.

RICHARD. (*revenant en tapinois.*)

Je suis seul. Quel bonheur !

Je puis me satisfaire, en dépit de ma sœur.

(*En avant.*)

Pour qu'on n'entende pas, je mettrai la sourdine.

(*Pendant qu'il dit cette phrase, la harpe change de place.*)

Est-ce un rêve ?

(*Il s'approche de la harpe qui danse devant lui. Jeu de Théâtre, au gré des Acteurs.*)

Je tremble.

(*A la fin, la harpe se découvre, et lui jette la housse à la tête.*)

Au meurtre, on m'assassine.

FLORICOUR.

Paix donc, braillard.

RICHARD.

Mon Dieu! Que vous m'avez fait peur!

FLORICOUR.

Fais-moi sauver; sinon je t'extermine.

RICHARD.

Entrez vite en ce cabinet;
Et laissez-vous glisser par la fenêtre.

(*Il renverse le cabaret avec les tasses, et jette la housse dans la coulisse.*)

SCENE VI.

RICHARD, FANNI, SARA.

SARA.

MISÉRABLE! Qu'avez-vous fait?

FANNI.

Floricour!

RICHARD.

Descendez, vous l'allez voir paraître,
Sortant par la croisée. Excuse-moi, ma sœur.

(*Elles sortent.*)

SCENE VII.

SIDNEY, RICHARD.

SIDNEY.

MISÉRICORDE! Oh Ciel! Qu'est-ce que ce peut être?

RICHARD.

Ah ! mon pere, je viens d'avoir une frayeur !
Si vous saviez....

SIDNEY.

Quoi donc ?

RICHARD.

Je ne saurais rien dire,
Tant j'ai les sens troublés.

SIDNEY.

Vous moquez-vous de moi,
De venir par vos cris, semer par-tout l'effroi ?

RICHARD.

Un fantôme, un voleur, le diable, et c'est bien pire ;
Une harpe qui danse !

Il danse devant son pere, comme Floricour.

SIDNEY.

Il est dans le délire.
Qu'est-elle devenue ?

RICHARD.

Elle est... Quel embarras !
Permettez que je me retire.

SIDNEY. (*l'arrêtant.*)

Non, maraud, non, tu resteras.
Sara, ma fille, où sont-elles ?

RICHARD.

Mon pere,
Elles sont.... Hors d'ici.

SIDNEY.

Parbleu ! Je le vois bien.

RICHARD.

RICHARD.

Si vous vous emportez, je ne vous dirai rien.

SIDNEY.

Je vous écoute. Eh bien !

RICHARD.

Voici tout le mystere.

A peine vous sortiez..... Mon Dieu, qu'il m'a fait peur !

SIDNEY.

Il n'achevera pas.

RICHARD.

Je vois chose incroyable !...

Sauter par la fenêtre un agile voleur,
Qui vient pour dérober la harpe de ma sœur.
Je l'arrête, il me bat. Nous renversons la table.
Bref, comme il est venu, je le vois repartir.

SIDNEY.

Avec la harpe !

RICHARD

Eh ! Oui. Je n'ai pu le saisir.

Mais ma sœur court après.

SIDNEY.

Ce ridicule conte,

Excuse mal-adroite, enfin m'ouvre les yeux.
Je connais le voleur.

RICHARD.

Ah ! Mon pere, tant mieux.

SIDNEY.

Imbécille menteur ! N'avez-vous point de honte !...

RICHARD.

Vous ne me croyez pas. J'en suis fâché ; bon-soir.

SCENE VIII.

SIDNEY, VILSAC.

SIDNEY. (*seul.*)

SARA que j'avois cru fidelle à son devoir !
La perfide ! Ce soir je lui donne son compte.....
Ils me trahissaient tous, et je n'ai plus d'espoir
Que dans mon cher Vilsac.... Ah ! Vous voici mon gendre !
Vous venez à propos. J'ai besoin de vous voir.

VILSAC.

Ce titre est bien flatteur. Il me charme à l'entendre.
Mais aujourd'hui, Sidney, je n'y dois plus prétendre.

SIDNEY.

Vous aussi contre moi ! Quel vertige nouveau ! ......

VILSAC.

Au contraire. J'ai mis du plomb dans mon cerveau.
Je ne suis nullement le fait de votre fille.

SIDNEY.

Vilsac !

VILSAC.

Écoutez-moi. Je suis d'une famille,
Voyez-vous, où l'on est délicat sur l'honneur.
Je viens de l'engager, et j'y serai fidele,
Que je renoncerais à la main de la belle.

SIDNEY.

Comment ! vous avez pu...

VILSAC.

Faites-moi la faveur
De m'entendre. Pouvais-je agir d'autre maniere ?
J'honore Floricour de mon estime entiere.
C'est un brave garçon. Est-il honnête à moi,
De ravir son amante, et d'accepter sa foi ?
Croyez-moi, mon ami, vous ne pouvez mieux faire,
Que de conclure entr'eux au plutôt cette affaire ?

SIDNEY.

Un séducteur, un intrigant,
Me jouant mille tours, qui dans ce même instant,
Était ici caché, s'en va par la fenêtre !

VILSAC.

Voyez donc le grand mal ! Et vous et moi peut-être
A sa place, à son âge, en eussions-nous fait autant.
Raisonnons de sang-froid. Quel autre que vous-même,
L'obligeait à ces tours ? Chez vous ouvertement
Que ne l'admettiez-vous ? Je suis sûr qu'il vous aime.
Au reste, censurez, fâchez-vous, murmurez,
Voici mon dernier mot: n'en attendez point d'autre;
Je reprends ma parole, et je vous rends la vôtre.
Agissez à présent tout comme vous voudrez.

SIDNEY.

Quoi ! Lorsque pour mon gendre à lui je vous préfere,
Vous voulez qu'au plus vite, et sans autre examen,
De ma fille et de lui je termine l'hymen !
Quel motif...

VILSAC. (*à l'oreille de Sidney.*)

Écoutez, mon ci-devant beau-pere,
(*Lentement.*)
S'il ne l'épouse pas, je quitte l'Angleterre.

SIDNEY.

Je vous entends. Eh bien ! Je me consulterai.

VILSAC.

Ce parti vous convient.

SIDNEY.

C'est ce que je verrai.
Mais avant tout, il faut que je me venge
Des tours qu'ils m'ont joués.

VILSAC.

La rencontre est étrange.
Aujourd'hui même ici, je puis vous en fournir
Le moyen.

SIDNEY.

Quel est-il ?

VILSAC.

Je veux votre parole
Sur l'hymen.

SIDNEY.

(*Hésitant d'abord, puis avec impatience.*)

Je la donne.

VILSAC.

Eh bien ! par l'entresolle
Du cabinet, ce soir, on doit ici venir.
Je viens de tout entendre ; et quand on chantera,
Pour mot du guet, alors Floricour entrera.

SIDNEY.

Les pendards !

VILSAC.

La parole !

SIDNEY.

Oui, oui, laissez-moi faire.

VILSAC.

Adieu.

SIDNEY.

Pour me tromper, elles ont eu beau jeu.
C'est à présent mon tour de m'amuser un peu.
Je les entends. Feignons d'être en affaire.

(*Il s'assied, prend des papiers, et se met à lire.*)

SCENE IX.

SIDNEY, FANNI, SARA, JACQUES. (*va et vient.*)

SIDNEY.

D'où venez-vous, Fanni ?

(*Fanni pousse Sara.*)

SARA.

Richard vous a conté
A ce qu'il nous a dit, notre étonnante histoire.

SIDNEY.

Etonnante, il est vrai. J'avais peine à la croire.
Quelle intrépide, agilité !
Emporter une harpe en sautant dans la rue !

SARA.

Nous venons de courir après lui, mais en vain.

SIDNEY.

Vous auriez bien, ma foi, couru jusqu'à demain,
Que c'eût été peine perdue.
Un voleur aussi leste !

SARA. (*bas à Fanni.*)

Il a le ton railleur,
Se moque-t-il de nous ? (*haut.*) Mais à propos,
Monsieur,
Vous aviez, disiez-vous, des visites à faire.

SIDNEY.

Oui. Mais j'ai réfléchi depuis sur cette affaire.
Il est bien tard, et je suis un peu las ;
Tout bien considéré, je ne les ferai pas,
Et vais passer avec vous la soirée.

FANNI. (*bas à Sara.*)

Oh ! Pour le coup, ma perte est assurée.

SARA. (*bas à Fanni.*)

Nous la devrons encore à ce maudit Pichard.

SIDNEY. (*tirant sa montre.*)

Quelle heure est-il ? Comment ! Déjà si tard !
(*Il appelle.*)
Jacques !

JACQUES.

Monsieur !

SIDNEY.

Dressez ici la table.
Il faut quatre couverts.

SARA. (*bas.*)

O bonté secourable,
Daigne nous assister !

SIDNEY. (*bas.*)

Leur plaisant embarras
Me divertit. Comme elles parlent bas !

SARA. (*bas à Fanni.*)

Cours vite la fermer.

SIDNEY.

Sara, restez ici.

(*Fanni veut y aller.*)

Fanni, ma fille ! Eh bien ! que veut dire ceci ?

FANNI.

C'est que la fenetre est ouverte
Dans notre cabinet, et je cours la fermer.

SIDNEY.

Non vraiment. C'est un piége où ce voleur alerte
Se prendra.

FANNI.

Le serein pourrait vous enrhumer.

SIDNEY.

Il me rafraîchira.

SARA.

Quel singulier caprice !
C'est vouloir sans sujet contrarier les gens,
Madame me l'ordonne.

SIDNEY.

Et moi je le défends.
Qu'avez-vous donc ce soir ?

FANNI. (*bas.*)

Il me met au supplice.

SARA. (*bas à Fanni.*)

Je ne sais que penser de tout ce que j'entends.
Saurait-il nos projets ?

FANNI. (*bas à Sara.*)

Le Ciel nous en préserve.

JACQUES.

Voilà le couvert mis. Monsieur veut-il qu'on serve?

SIDNEY.

Fort bien. Vous n'avez qu'à servir.
A propos, écoutez. J'ai mandé mon Notaire.
Ce soir, sans doute, il va venir,
Vous lui direz que je suis en affaire,
Qu'il revienne demain.

JACQUES.

Oui, Monsieur.

SARA. (*bas à Fanni.*)

Dieu merci,
Voici la nôce différée,
C'est toujours un malheur de moins pour la soirée.

FANNI. (*bas à Sara.*)

Mais s'il s'obstine à demeurer ici,
Que faire ?

SIDNEY.

Allons, Fanni, veux-tu te mettre à table?

FANNI.

Non.

SIDNEY.

Comment! de l'humeur! tu n'es pas raisonnable.

FANNI.

Permettez-moi de différer,
Je n'ai pas d'appétit.

SARA. (*bas à Fanni.*)

Oh ! je le crois sans peine.
Ce souper-là, Madame, est dur à digérer.

SIDNEY.

J'attendrai volontiers.

FANNI. (*bas à Sara.*)

J'ai bien peur qu'il ne vienne.
Si tu pouvais entrer sans qu'il te vît.

SARA. (*bas à Fanni.*)

Je le guette.

SIDNEY.

Puisque tu n'as pas d'appétit,
Ma fille, il faut que tu me chantes
Un de ces jolis airs, de ces chansons charmantes
Dont quelquefois tu sais me régaler.

FANNI.

Un si grand rhume me tourmente,
Que je puis à peine parler.
Comment voulez-vous que je chante ?

SIDNEY.

Eh bien ! Au défaut de ta voix,
Ta harpe suppléera. (*Il va la chercher.*) Tu voudras bien, je crois,
Accompagner Sara.

SARA.

Moi qui suis hors d'haleine,
Pour avoir tant couru, Monsieur !

SIDNEY.

Excuse vaine
Que tout cela. Voyons, donnez-moi ce cahier.
(*Pendant qu'il le feuillete, Sara veut s'échapper.*)
Sara, Sara !

SARA.

Monsieur, je sors pour m'essayer.

SIDNEY.

C'est pour moi prendre trop de peine,
Chantez-moi celle-ci.

SARA.

Je crains.

SIDNEY.

Vous avez tort.
Ne sommes-nous pas en famille.
Courage. Allons. Qu'attends-tu donc, ma fille?

FANNI.

Je n'ai pas encor mis mon instrument d'accord.
(*bas à Sara.*)
Ma crainte à chaque instant redouble,
Je ne saurais jouer.

SARA. (*bas à Fanni.*)

Moi, je n'ai plus de voix.

SIDNEY.

Allons donc,

SARA.

Ce voleur m'a causé tant de trouble,
Que je ne puis chanter.

SIDNEY

A votre aise. Je vois

Que vous voulez qu'ici jusqu'au jour je m'arrête.

FANNI.

(*bas.*) Dieu m'en préserve! (*haut.*) Allons, Sara, me voilà prête.

ARIETTE.

(*Elles chantent horriblement faux.*)

D'une plaintive Tourterelle.....

SIDNEY. (*se bouchant les oreilles.*)

Oh Ciel ! Quelle musique ! Arrêtez, je vous prie,
Est-ce pour rire ?

SARA.

Oh non ! Je n'en ai nulle envie.

SIDNEY.

Eh bien ! Chantez donc comme il faut.
L'une est dans le grenier, l'autre au fond de l[illegible].

SARA.

Madame a pris un peu trop haut.
Je ne saurais monter à cette octave.

ARIETTE.

D'une plaintive Tourterelle,
Loin de son ami qu'elle appelle,
Que j'aime les sons gémissans !
Comme elle est triste et languissante,
Je vis dans l'inutile attente
D'un calme perdu pour mes sens. (*bis.*)

(*S'approchant du cabinet.*)

Air : *De la forêt noire.*

N'entrez pas,
N'entrez pas,
Sauvez-vous bien vite.

SIDNEY.

Que chantez-vous-là, s'il vous plaît ?

SARA.

Un souvenir.

SIDNEY. (*voyant que Floricour ne vient pas.*)

Allons. Voyons l'autre couplet.

SECOND COUPLET.

Ainsi chantait la jeune Adéle,
De la plaintive Tourterelle
Les accens étaient dans son cœur.
Mais, quel moment rempli de charmes !
Son ami vient sécher ses larmes,
Et la fait renaitre au bonheur. (*bis.*)

A la fin de ce couplet, Floricour paraît sur la scene, sortant du cabinet, va droit à Fanni, qui doit être en face de lui, et ne voit pas Sidney qui est assis du côté par où il entre.

SCENE X.

FLORICOUR, SIDNEY, FANNI, SARA.

FLORICOUR.

De ces accens flatteurs...

SIDNEY.

Floricour, justes Dieux !
Par où, pourquoi, comment êtes-vous dans ces lieux?

FLORICOUR.

(*Voyant Fanni prête à se trouver mal.*)

Rassurez-vous, Fanni, vous n'avez rien à craindre.
Monsieur, je ne sais pas m'abaisser jusqu'à feindre

Je ne vous cherchais pas ; mais puisque vous voici,
Apprenez le sujet qui me conduit ici.
J'y viens pour consoler une aimable personne,
Que le destin poursuit, que son pere abandonne.
Quand ce pere abusé veut faire son malheur,
Je dois sauver ses jours, être son protecteur.

SIDNEY.

De quel droit, s'il vous plait ?

FLORICOUR.

De celui que vous-même
M'accorderiez, si vous n'étiez séduit,
Si vous ne me forciez d'user de stratagême
Pour suivre mes projets.

SIDNEY.

Fort bien. Et c'est la nuit,
Quand vous me croyez loin, qu'à l'ombre du mystere
Vous pénétrez chez moi !

FANNI.

C'est moi seule, mon pere,
Qui suis coupable.

FLORICOUR.

Non. Je vous fais le serment
Que si je suis venu, c'est sans son agrément.

SIDNEY.

Vous ne m'apprenez rien. Vilsac en votre absence
M'a prévenu sur vos projets ;
Mais en prenant votre défense.
Il m'a peint de vos cœurs l'amitié, la constance ;
Et ce dont tous mes vœux ont été satisfaits,
C'est qu'il m'a dit que vous m'aimiez encore,

Quoique privé de mes bienfaits.

FLORICOUR.

Il m'avoit moins promis. Ce procédé l'honore,
Et me réconcilie avec lui pour jamais.

SIDNEY.

Floricour, méritez ce cœur qui vous adore.
Je puis tout pardonner. J'estime la vertu.
Mais toi, Fanni, me pardonneras-tu
D'avoir poussé trop loin cette plaisanterie ?

FANNI.

Vous vouliez, pour punir quelques instans d'erreur,
D'une fille toujours chérie,
Lui faire acheter son bonheur.

SIDNEY.

Son bonheur! Nous verrons. Venez vous mettre à table.

SARA.

Bon ! voici la paix faite.

FLORICOUR.

O pere respectable !
Vos bontés pénétrent mon cœur.

(*Ils se mettent à table. Sara travaille plus loin. Jacques entre pour servir.*)

SIDNEY.

Jacques, que fait mon fils ?

JACQUES.

Galant à l'ordinaire,
Il reconduit chez lui Thomas votre Notaire.
Mais je l'entends.

SCENE ONZIEME
et derniere.

RICHARD, *les précédens.*

SIDNEY.

Eh bien! Richard, votre voleur!

RICHARD.

Il nous est échappé; je suis d'une colere! ....
Que vois-je! Le voici qui trinque avec ma sœur!
Qu'est-ce que tout cela veut donc dire, mon pere?

SIDNEY.

Que vous allez souper avec votre beau-frere.

RICHARD. (*à Floricour.*)

Ah parbleu! touchez-là. Ce sera de bon cœur.
Eh bien, Sara, Fanni, que vous en semble?
Ne l'avais-je pas dit que j'en viendrais à bout?
Sans ma course, mes soins, souperait-on ensemble?
Et l'on viendra peut-être encor dire partout,
Richard le mal-adroit.

SIDNEY.

Mettez-vous donc à table.

RICHARD.

Ah! Oui. Bien volontiers. J'ai grand'faim.
(*Il se précipite à table, et brise son assiette.*)

SIDNEY.

C'est un diable!
Il va tout fracasser. Ah ça, mes bons amis,

Pour célébrer ce jour qui nous voit réunis,
Amusons-nous, comme faisaient nos peres.
Que chacun à son tour, chante un petit couplet.

RICHARD.

Sur quel sujet mon pere ?

SIDNEY.

Un instant, s'il vous plaît.
Commençons par remplir nos verres.
Quant au sujet, chacun le choisira
Dans la santé qu'il portera.
Nous chanterons l'un après l'autre.
Allons, chacun son tour.

FANNI.

Mon pere, c'est le vôtre

COUPLETS.

SIDNEY. (*se levant.*)

Je porte l'union, l'éternelle alliance
De l'Angleterre et de la France.

PREMIER COUPLET.

Air : *Belle Raimonde.*

C'est à vous que je veux boire,
Peuple Anglais, peuple Français.
Pour votre bien, votre gloire,
Soyez unis désormais.
Qu'une solide alliance
Fasse fleurir à jamais
Le commerce, l'abondance,
Et l'olivier de la Paix. (*bis.*)

(*S'adressant à Floricour.*)

A vous, Monsieur, quelle est votre santé ?

FLORICOUR. (*se levant.*)

Ma maitresse, son pere et ma félicité.

SECOND

2e. COUPLET.

Par mon zéle, ma constance,
Je fixe enfin le bonheur.
L'amour, la reconnoissance
Vont se partager mon cœur.
Je n'avais qu'une patrie;
Mais en comblant tous mes vœux,
O mon pere, ô mon amie,
Vous m'en avez donné deux! } (*bis.*)

(*S'adressant à Fanni.*)

Allons, chere Fanni, portez votre santé.

FANNI. (*se levant.*)

L'amour, le doux hymen, et la maternité.

3e. COUPLET.

Je vais quitter l'Angleterre,
La France aura tous mes vœux.
D'une épouse amante et mere,
Ah! Que le sort est heureux!
Quelle est sa vive alégresse,
Lorsqu'après quelques tourmens,
Contre son cœur elle presse
Son époux et ses enfans. } (*bis.*)

Mon frere, à votre tour.

RICHARD. (*mangeant avec appétit.*)

Je suis trop en affaire,
Ma sœur. Et puis Sara n'a pas encor chanté.

SIDNEY.

Allons, Sara, prenez un verre.

SARA. (*s'approchant de la table.*)

Monsieur Richard, c'est à votre santé.

4e. COUPLET.

Votre étourdi personnage
Nous a causé bien du mal.
Quand vous serez en ménage,
Il peut vous être fatal.
Un mari qui ne s'occupe

Que des affaires d'autrui,
Tôt ou tard en est la dupe ;
On fait les siennes pour lui. } (*bis.*)

RICHARD. (*s'essuyant la bouche.*)

A présent, c'est à moi, permettez-vous ?

TOUS.

Sans doute.

RICHARD.

Je porte la santé du public qui m'écoute.

(*Tous les Acteurs quittent la table, et s'avancent au bord du Théatre.*)

5e. COUPLET.

A cet aimable auditoire,
Joie, honneur, prospérité.
L'auteur me charge de boire,
Messieurs, à votre santé.
Mériter votre indulgence,
En amusant vos loisirs ;
C'est-là notre jouissance,
Ce sont-là nos vrais plaisirs. } (*bis.*)

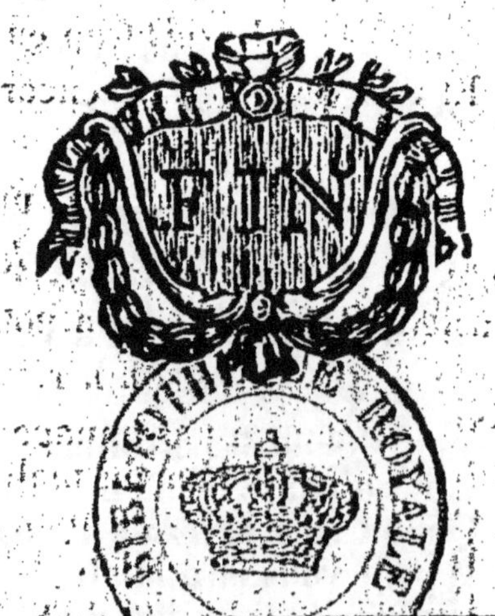

DE L'IMPRIMERIE DE LA RUE S. FIACRE, No. 2.

ARIETTE DE L'OBLIGEANT MALADROIT

Par le C. Famin

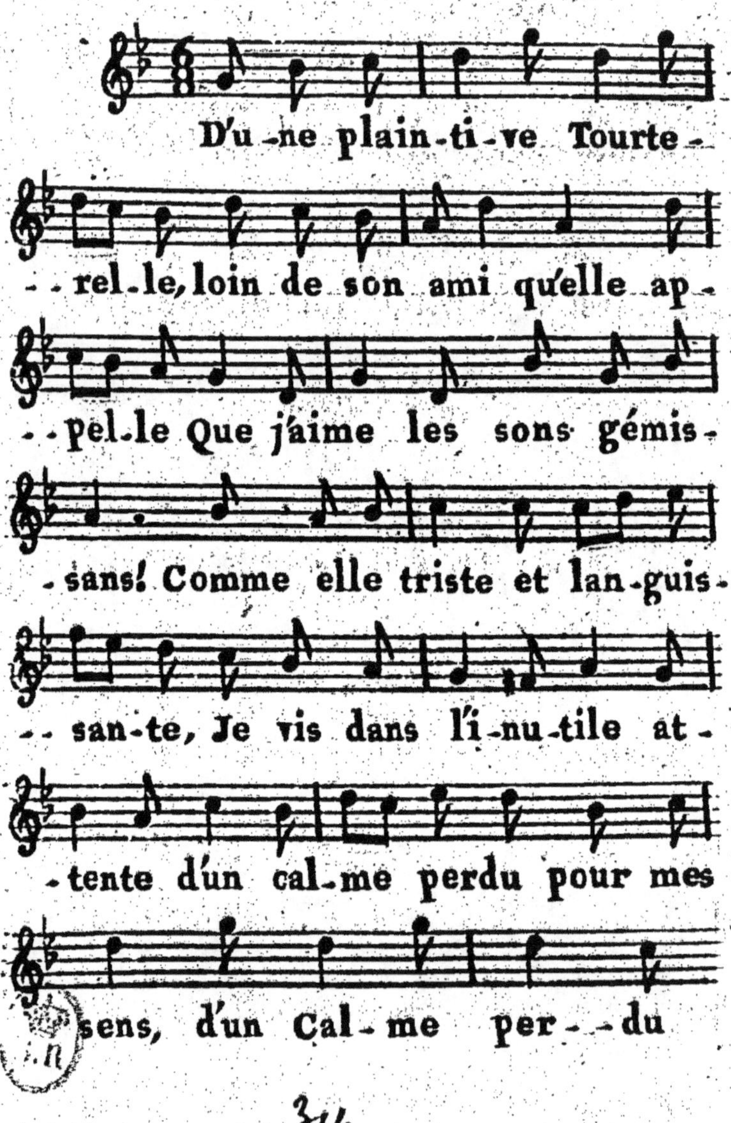

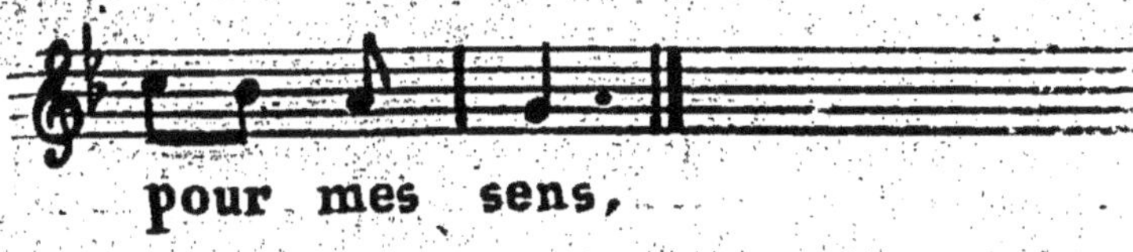

2.

Ainsi chantait la jeune Adele,
De la plaintive Tourterelle
Les accens etaient dans son cœur.
Mais, quel moment rempli de charmes!
Son ami vient sécher ses larmes,
Et la fait renaitre au bonheur. (bis

FIN.

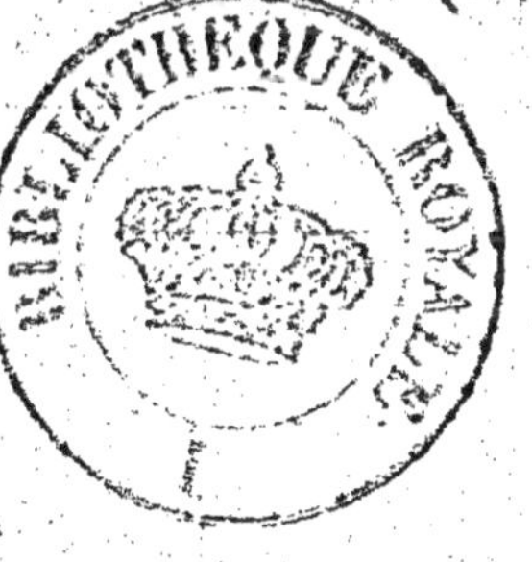

www.ingramcontent.com/pod-product-compliance
Lightning Source LLC
LaVergne TN
LVHW010617110826
845149LV00003B/956

* 9 7 8 2 0 1 9 2 0 2 5 4 5 *